Die Erfindung
der Freibeuter
kapern, plündern und Erduldung

Eine Betrachtung

von

Lutz Spilker

DIE ERFINDUNG DER FREIBEUTER – KAPERN, PLÜNDERN UND ERDULDUNG

Bibliografische Information der Deutschen Nationalbibliothek:
Die Deutsche Nationalbibliothek verzeichnet diese Publikation in der Deutschen Nationalbiblio-
grafie; detaillierte bibliografische Daten sind im Internet über http://dnb.dnb.de abrufbar.

Softcover ISBN: 978-3-384-20811-8
Ebook ISBN: 978-3-384-20812-5

© 2024 by Lutz Spilker
Druck und Distribution im Auftrag des Autors:
tredition GmbH, An der Strusbek 10, 22926 Ahrensburg, Germany

Inhalt

INHALT 5

VORWORT 13

DIE ANFÄNGE DER SEEFAHRT 15

DIE SEHNSUCHT NACH FERNE UND ABENTEUER 15

DIE SUCHE NACH NEUEN HANDELSROUTEN 15

DIE TECHNOLOGISCHEN FORTSCHRITTE DER RENAISSANCE 16

DIE FRÜHEN ENTDECKUNGSREISEN 16

DIE FOLGEN DER FRÜHEN ENTDECKUNGEN 17

EIN ERBE DER NEUGIER UND DES MUTES 17

DIE ÄRA DER ENTDECKUNGEN 18

DAS ZEITALTER DER RENAISSANCE UND DIE EXPANSION DER SEEFAHRT ... 18

DIE GROßEN ENTDECKUNGSREISEN 18

DIE SUCHE NACH NEUEN HANDELSWEGEN UND REICHTÜMERN 19

DIE HERAUSFORDERUNGEN UND GEFAHREN DER SEEFAHRT 19

DAS ERBE DER ENTDECKUNGEN 20

DER AUFSTIEG DER PIRATERIE IM MITTELALTER 21

DIE URSPRÜNGE DER PIRATERIE 21

DIE POLITISCHEN UND WIRTSCHAFTLICHEN BEDINGUNGEN 21

DIE METHODEN DER PIRATEN 22

DIE BEKÄMPFUNG DER PIRATERIE 22

DAS ERBE DER PIRATERIE IM MITTELALTER 23

DIE GOLDENE ÄRA DER PIRATERIE 24

DIE HINTERGRÜNDE DER GOLDENEN ÄRA 24

DIE LEGENDÄREN PIRATENKAPITÄNE 24

DIE BEUTEZÜGE UND PLÜNDERUNGEN 25

DIE ORGANISATION DER PIRATENBANDEN 25

DAS ENDE DER GOLDENEN ÄRA 26

DIE ROLLE DER HANDELSKOMPANIEN 27

DIE ENTSTEHUNG DER HANDELSKOMPANIEN 27

DIE VERBINDUNG ZUR PIRATERIE 27

DIE EAST INDIA COMPANY ALS BEISPIEL 28

DIE ROLLE DER HANDELSKOMPANIEN IM SEERAUB 28

DIE AUSWIRKUNGEN AUF DEN WELTHANDEL 28

DAS ERBE DER HANDELSKOMPANIEN UND DER PIRATERIE 29

**DIE STAATLICHE UNTERSTÜTZUNG: PRIVATEER-LIZENZEN UND
STAATLICHE INTERESSEN 30**

DIE VERGABE VON PRIVATEER-LIZENZEN 30

DIE MOTIVATION DER STAATEN 30

DIE GRENZEN ZWISCHEN PIRATERIE UND PRIVATEER 31

DIE KOMPLIZENSCHAFT DER REGIERUNGEN 31

DIE STAATLICHE KONTROLLE UND REGULIERUNG 31

DAS ERBE DER STAATLICHEN UNTERSTÜTZUNG FÜR PIRATERIE 32

**DIE BERÜHMTESTEN FREIBEUTER: PORTRÄTS UND GESCHICHTEN
VON LEGENDÄREN PIRATEN 33**

BLACKBEARD (EDWARD TEACH) 33

CAPTAIN KIDD (WILLIAM KIDD) 33

ANNE BONNY UND MARY READ 34

BARTHOLOMEW ROBERTS (BLACK BART) 34

HENRY MORGAN 34

**DIE ORGANISATION DER PIRATEN: HIERARCHIE, CODES UND
TRADITIONEN 37**

DIE HIERARCHIE AUF EINEM PIRATENSCHIFF 37

DIE PIRATENCODES 37

DIE TRADITIONEN UND RITUALE DER PIRATEN 38

DIE BEDEUTUNG VON DISZIPLIN UND GEHORSAM 38

DAS ERBE DER PIRATENORGANISATION 39

DIE SCHLACHT UM DIE SCHÄTZE: KÄMPFE UND KONFLIKTE AUF HOHER SEE 40

DIE TAKTIKEN DER PIRATEN 40

DIE SCHLACHTEN ZWISCHEN RIVALISIERENDEN PIRATENBANDEN 40

DIE ANGRIFFE AUF HANDELSSCHIFFE UND KÜSTENDÖRFER 41

DIE VERTEIDIGUNG DER HANDELSSCHIFFE UND KÜSTENSTÄDTE 41

DIE ROLLE DER STAATLICHEN FLOTTEN 41

DAS ERBE DER SCHLACHT UM DIE SCHÄTZE 42

DIE LEGENDEN UND MYTHEN: DIE ROMANTISIERTE DARSTELLUNG DER FREIBEUTER 43

DIE FREIBEUTER ALS HELDEN DER FREIHEIT 43

DIE ROMANTISCHE VORSTELLUNG VOM PIRATENLEBEN 43

DIE VERKLÄRUNG DER PIRATENKULTUR 44

DIE ROLLE DER POPKULTUR 44

DIE REALITÄT HINTER DEN LEGENDEN 44

DAS ERBE DER PIRATENROMANTIK 45

DIE BEDROHUNG FÜR DEN HANDEL: DIE WIRTSCHAFTLICHEN AUSWIRKUNGEN DER PIRATERIE 46

DIE UNTERBRECHUNG DER HANDELSROUTEN 46

DIE STEIGENDEN VERSICHERUNGSKOSTEN 46

DIE VERUNSICHERUNG DER MÄRKTE 47

DIE AUSWIRKUNGEN AUF DIE LOKALE WIRTSCHAFT 47

DIE GEGENMAßNAHMEN DER REGIERUNGEN 47

DAS ERBE DER PIRATERIE FÜR DEN HANDEL 48

DIE BEKÄMPFUNG DER PIRATERIE: DIE MAßNAHMEN DER REGIERUNGEN GEGEN DIE FREIBEUTER 49

DIE ENTSENDUNG VON MARINEFLOTTEN 49

DIE ERRICHTUNG VON VERTEIDIGUNGSANLAGEN 49

DIE AUSLOBUNG VON KOPFGELDERN 50

DIE VERHANDLUNGEN UND ABKOMMEN MIT ANDEREN NATIONEN 50

DIE BESTRAFUNG VON PIRATEN 50

DIE HERAUSFORDERUNGEN DER BEKÄMPFUNG DER PIRATERIE 51

DAS ERBE DER PIRATENBEKÄMPFUNG 51

DER NIEDERGANG DER PIRATERIE: URSACHEN UND FOLGEN DES ENDES DER GOLDENEN ÄRA 52

DAS ENDE DER STAATLICHEN UNTERSTÜTZUNG 52

DIE VERSTÄRKTE BEKÄMPFUNG DURCH REGIERUNGEN 52

DIE VERÄNDERUNGEN IM SEEHANDEL 53

DIE VERÄNDERUNGEN IN DER GESELLSCHAFT 53

DAS ERBE DER GOLDENEN ÄRA DER PIRATERIE 53

DIE NACHWIRKUNGEN DER PIRATERIE: DIE ERINNERUNG AN DIE FREIBEUTER IN DER KULTUR 54

DIE PIRATEN IN DER LITERATUR 54

DIE PIRATEN IM FILM UND FERNSEHEN 54

DIE PIRATEN IN DER POPKULTUR 55

DIE PIRATENFESTE UND VERANSTALTUNGEN 55

DIE PIRATEN ALS SYMBOLE FÜR FREIHEIT UND REBELLION 55

DAS ERBE DER PIRATERIE IN DER KULTUR 56

DIE NEUINTERPRETATION DER FREIBEUTER: MODERNE PERSPEKTIVEN AUF DIE PIRATERIE 57

DIE HISTORISCHE FORSCHUNG 57

DIE KULTURELLE WAHRNEHMUNG 57

DIE MORALISCHE DEBATTE 58

DIE WIRTSCHAFTLICHE ANALYSE 58

DIE POLITISCHE BEDEUTUNG... 58

DIE ERINNERUNG UND REPRÄSENTATION 59

DIE REFLEXION UND INTERPRETATION 59

DIE WIEDERKEHR DER PIRATERIE: DIE HERAUSFORDERUNGEN DER MODERNEN PIRATERIE 60

DIE VERÄNDERUNGEN IM SEEHANDEL 60

DIE GLOBALISIERUNG UND TECHNOLOGISCHE ENTWICKLUNG................... 60

DIE SCHWÄCHE STAATLICHER AUTORITÄTEN 61

DIE KOMPLEXITÄT DER BEKÄMPFUNG.. 61

DIE MENSCHLICHEN KOSTEN... 61

DIE SUCHE NACH LÖSUNGEN 62

DIE BEKÄMPFUNG DER MODERNEN PIRATERIE: INTERNATIONALE MAßNAHMEN UND STRATEGIEN 63

INTERNATIONALE MARITIME PATROUILLEN 63

KOOPERATION UND INFORMATIONSAUSTAUSCH 63

STÄRKUNG DER MARITIMEN SICHERHEIT 64

BEKÄMPFUNG DER FINANZIERUNG UND UNTERSTÜTZUNG...................... 64

ENTWICKLUNGSZUSAMMENARBEIT UND ARMUTSBEKÄMPFUNG 64

RECHTSPRECHUNG UND STRAFVERFOLGUNG...................................... 65

DIE LEGENDEN DER FREIBEUTER: MYTHOS UND REALITÄT 66

DIE ENTSTEHUNG DES FREIBEUTERTUMS... 66

DIE REALITÄT HINTER DEM MYTHOS.. 66

DIE ROLLE DER FREIBEUTER IN DER GESCHICHTE 67

DIE ERINNERUNG AN DIE FREIBEUTER... 67

DIE ZUKUNFT DER PIRATERIE: HERAUSFORDERUNGEN UND PERSPEKTIVEN IM 21. JAHRHUNDERT 68

ADAPTATION UND INNOVATION DER PIRATEN 68

CYBER-PIRATERIE UND DIGITALE BEDROHUNGEN 69

UMWELTZERSTÖRUNG UND ILLEGALE FISCHEREI 69

REGIONALE KONFLIKTE UND POLITISCHE INSTABILITÄT 69

INTERNATIONALE ZUSAMMENARBEIT UND KOORDINIERTE MAßNAHMEN 70

ÜBER DEN AUTOR **71**

IN DIESER REIHE SIND BISHER ERSCHIENEN **72**

Nicht jeder Schatz besteht aus Silber und Gold.

Jack Sparrow

Captain Jack Sparrow (Pirates of the Caribbean: The Curse of the Black Pearl) wird von Johnny Depp (John ›Johnny‹ Christopher Depp II (* 9. Juni 1963 in Owensboro, Kentucky) ist ein US-amerikanischer Schauspieler und Musiker.) verkörpert, dem man bei der Darstellung des Charakters weitgehend künstlerische Freiheit ließ.

Vorwort

Willkommen zu ›Die Erfindung der Freibeuter‹. In diesem Buch tauchen Sie ein in eine faszinierende Ära der maritimen Begebenheiten, in der die Weltmeere von furchtlosen Seefahrern durchstreift wurden, die sowohl Panik als auch Bewunderung hervorriefen. Die Freibeuter, oder besser gesagt, die Piraten, die unter diesem Banner segelten, verkörpern eine komplexe und facettenreiche Dimension der menschlichen Geschichte.

Von den sonnenverwöhnten Karibikinseln bis zu den stürmischen Küsten Nordafrikas erstreckten sich die Aktivitäten dieser abenteuerlustigen Seemänner. Doch wer waren sie wirklich, diese Gestalten, die sowohl als Helden als auch als Schurken in die Annalen der Geschichte eingegangen sind?

Die Geschichte der Freibeuter ist geprägt von einer Mischung aus Rebellion und Opportunismus, Gewalt und Geschicklichkeit, und sie entfaltet sich vor dem Hintergrund einer Welt, die von kolonialen Ambitionen, Handelsrouten und politischen Machtkämpfen geprägt war.

Was macht jedoch die Faszination dieser Gestalten aus? War es ihre scheinbare Freiheit, fernab der gesellschaftlichen Normen und Regeln? Oder ihre unbändige Entschlossenheit, den Ozeanen zu trotzen und nach Reichtum und Abenteuern zu suchen? Oder vielleicht die romantisierte Vorstellung von Piraten als Rebellen gegen die autoritären Strukturen ihrer Zeit?

Keineswegs darf vergessen werden zu erwähnen, dass die Freibeuterei nicht einfach eine romantisierte Form des Seefahrerlebens war. Vielmehr handelte es sich oft um schiere Piraterie, die nicht nur toleriert, sondern manchmal sogar von Regenten begrüßt wurde. Diese Piraten dienten oft den Interessen von Staaten, indem sie feindliche Schiffe angriffen und die Schätze ihrer Gegner erbeuteten.

Durch akribische Recherche und eine tiefgreifende Analyse der historischen Quellen möchte dieses Buch dazu beitragen, die komplexe Geschichte der Freibeuter zu beleuchten und die Legenden von den historischen Fakten zu trennen. Es lädt dazu ein, die Grenzen zwischen Realität und Mythos zu erkunden und die vielschichtigen Motive und Umstände zu verstehen, die zur Entstehung und zum Niedergang der Freibeuterkultur geführt haben.

Ich lade Sie ein, sich auf eine aufregende Reise durch die Geschichte zu begeben und die Geheimnisse der Freibeuter zu entdecken, die bis heute unsere Vorstellungskraft fesseln und inspirieren. Möge dieses Buch dazu beitragen, ein klareres Bild von einer der faszinierendsten Epochen der Seefahrtsgeschichte zu vermitteln und einen neuen Blick auf die Legenden der Freibeuter zu werfen.

Die Anfänge der Seefahrt

Vor Jahrhunderten, als die Landkarten noch unvollständig und die Ozeane unerforscht waren, wagten sich mutige Seefahrer und Seefahrerinnen auf die Weiten der Weltmeere hinaus, um neue Länder zu entdecken und fremde Kulturen kennenzulernen. Diese frühen Entdecker und Entdeckerinnen waren Pioniere, die mit ihren kleinen Schiffen und begrenzten Navigationskenntnissen große Risiken eingingen, um die Grenzen des bekannten Wissens zu erweitern.

Die Sehnsucht nach Ferne und Abenteuer

Getrieben von einem unersättlichen Hunger nach Entdeckungen und einem tiefen Verlangen nach Abenteuer brachen die frühen Seefahrer und Seefahrerinnen von den Küsten Europas auf und wagten sich in die unbekannten Gewässer des Atlantiks und darüber hinaus. Angeführt von mutigen Kapitänen und unterstützt von wagemutigen Mannschaften, segelten sie in ungewisse Gefilde, ohne zu wissen, was sie dort erwartete.

Die Suche nach neuen Handelsrouten

Eine der treibenden Kräfte hinter den frühen Seefahrten war die Suche nach neuen Handelsrouten und lukrativen Handelsmöglichkeiten. Mit dem Fall Konstantinopels im Jahr 1453 wurden die alten Handelswege nach Asien blockiert, was die europäischen Seemächte dazu zwang, nach alternativen Routen zu suchen, um die kostbaren Gewürze, Edelmetalle und Luxusgüter des Ostens zu erreichen. Dies führte zu einer verstärkten Nachfrage nach Seefahrern, die bereit waren, das Unbekannte zu erkunden und neue Handelswege zu erschließen.

Die technologischen Fortschritte der Renaissance

Während des Zeitalters der Renaissance erlebten die europäischen Seefahrer und Seefahrerinnen auch bedeutende technologische Fortschritte, die ihre Reisen sicherer und effizienter machten. Die Einführung von Verbesserungen wie dem Kompass, dem Astrolabium und später dem Sextanten ermöglichte es den Navigatoren, genauer zu navigieren und ihre Position auf See zu bestimmen. Dies trug dazu bei, die Entfernungen zu überwinden und die Chancen auf erfolgreiche Entdeckungen zu erhöhen.

Die frühen Entdeckungsreisen

Unterstützt von königlichen Förderern und finanziellen Unterstützern machten sich die frühen Seefahrer und Seefahrerinnen auf den Weg zu ihren historischen Entdeckungsreisen. Christopher Kolumbus, Ferdinand Magellan, Vasco da Gama und andere berühmte Namen stehen als Symbole für die Entschlossenheit und den Pioniergeist dieser Zeit. Ihre Expeditionen führten zu bahnbrechenden Entdeckungen und legten den Grundstein für das Zeitalter der Entdeckungen, das die Welt für immer verändern sollte.

Die Folgen der frühen Entdeckungen

Die frühen Entdeckungsreisen hatten weitreichende Auswirkungen auf die Weltgeschichte. Sie öffneten neue Handelswege, veränderten den Lauf der Weltwirtschaft und brachten verschiedene Kulturen und Zivilisationen miteinander in Kontakt. Doch sie brachten auch Konflikte und Unterdrückung mit sich, als europäische Mächte versuchten, ihre Macht über die neu entdeckten Länder auszudehnen und die indigenen Völker zu unterwerfen. Dies ist ein wichtiger Aspekt der Geschichte der Seefahrt, der nicht vergessen werden darf.

Ein Erbe der Neugier und des Mutes

Die frühen Entdecker und Entdeckerinnen haben ein Erbe hinterlassen, das bis heute weiterlebt. Ihre Neugier, ihr Mut und ihre Entschlossenheit haben dazu beigetragen, die Grenzen des menschlichen Wissens zu erweitern und die Welt zu einem Ort der Vielfalt und des Austauschs zu machen. Ihre Geschichten dienen als Inspiration für diejenigen, die sich auf eigene Entdeckungsreisen begeben und die Geheimnisse der Weltmeere weiter erforschen möchten.

Die Ära der Entdeckungen

Die Zeit der Entdeckungen markiert einen Wendepunkt in der Geschichte der Seefahrt, als die Weltkarten noch mit weißen Flecken bedeckt waren und die Abenteurer und Entdecker den Mut hatten, ins Unbekannte vorzudringen. Diese Ära war geprägt von mutigen Seefahrern und Seefahrerinnen, die sich auf gefährliche Expeditionen begaben, um neue Länder und Kulturen zu entdecken, Handelsrouten zu erschließen und den Reichtum der Welt zu suchen.

Das Zeitalter der Renaissance und die Expansion der Seefahrt

Das Zeitalter der Renaissance brachte nicht nur einen kulturellen Aufschwung in Europa, sondern auch eine Expansion der Seefahrt und der Entdeckungen. Unterstützt von den technologischen Fortschritten der Zeit, wie dem Kompass und dem Astrolabium, wagten sich immer mehr Seefahrer und Seefahrerinnen auf die Ozeane hinaus, um die Grenzen des bekannten Wissens zu erweitern.

Die großen Entdeckungsreisen

Zu den berühmtesten Entdeckern dieser Ära gehören Namen wie Christoph Kolumbus, Vasco da Gama, Ferdinand Magellan und Amerigo Vespucci. Ihre Entdeckungsreisen führten sie zu neuen Kontinenten, Inseln und Küstenlinien, die zuvor unbekannt waren. Kolumbus' bahnbrechende Entdeckung Amerikas im Jahr 1492 markierte den Beginn einer neuen Ära der Globalisierung und des kulturellen Austauschs.

Die Suche nach neuen Handelswegen und Reichtümern

Eine der Hauptmotivationen hinter den Entdeckungsreisen war die Suche nach neuen Handelswegen nach Asien und den Reichtümern des Ostens. Die europäischen Seefahrer und Seefahrerinnen waren auf der Suche nach Gewürzen, Edelsteinen, Gold und anderen kostbaren Gütern, die sie nach Europa bringen und gewinnbringend verkaufen konnten. Diese Suche nach Reichtümern war ein treibender Motor für die Entdeckungen und führte zu einer verstärkten Investition in die Seefahrt und die Erforschung neuer Gebiete.

Die Herausforderungen und Gefahren der Seefahrt

Die Entdeckungsreisen waren jedoch nicht ohne Risiken und Gefahren. Die Seefahrer und Seefahrerinnen mussten sich mit Stürmen, Piraterie, Krankheiten und anderen widrigen Umständen auseinandersetzen, während sie auf den unbekannten Ozeanen segelten. Viele Expeditionen endeten tragisch, mit dem Verlust von Schiffen und Mannschaften, aber trotzdem wagten sich immer mehr Abenteurer und Abenteurerinnen auf die gefährlichen Gewässer.

Das Erbe der Entdeckungen

Die Entdeckungsreisen der Ära haben ein bleibendes Erbe hinterlassen, das bis heute weiterlebt. Sie haben die Weltkarten neu gezeichnet, neue Handelsrouten erschlossen und den Austausch von Ideen, Waren und Kulturen gefördert. Das Erbe der Entdeckungen erinnert uns daran, dass die Menschheit am besten ist, wenn sie sich den Herausforderungen stellt und über die Grenzen hinausgeht, um das Unbekannte zu erkunden.

Der Aufstieg der Piraterie im Mittelalter

Die Entstehung der Freibeuter im Mittelalter war ein faszinierendes Kapitel in der Geschichte der Seefahrt, das von Abenteuerlust, politischen Umbrüchen und wirtschaftlichen Herausforderungen geprägt war. In dieser Ära nahmen die Piraten langsam Gestalt an, beeinflusst von den Umständen ihrer Zeit und den Möglichkeiten, die sich auf den Weltmeeren boten.

Die Ursprünge der Piraterie

Die Ursprünge der Piraterie reichen weit zurück in die Geschichte, bis zu den ersten Seefahrern, die die Weltmeere erkundeten. Im Mittelalter nahmen die Piraten langsam eine eigenständige Form an, als sich der Handel auf den Ozeanen ausdehnte und die Küstenlinien der Welt besiedelt wurden. Die Piraten waren oft ehemalige Seeleute oder Abenteurer, die sich gegen die Autorität auflehnten und ein Leben jenseits der gesetzlichen Grenzen suchten.

Die politischen und wirtschaftlichen Bedingungen

Die politischen und wirtschaftlichen Bedingungen im Mittelalter spielten eine entscheidende Rolle bei der Entstehung der Piraterie. Die Staaten kämpften um die Vorherrschaft auf den Weltmeeren und nutzten die Piraten als Privateer, um ihre Feinde zu schwächen und ihren eigenen Einfluss zu vergrößern. Gleichzeitig boten die unzugänglichen Küstenlinien und die schwachen staatlichen Strukturen den Piraten ideale Verstecke und Ausgangspunkte für ihre Raubzüge.

Die Methoden der Piraten

Die Piraten im Mittelalter griffen Handelsschiffe, Fischerboote und Küstendörfer an und plünderten ihre Schätze. Sie nutzten Täuschung, Gewalt und Geschicklichkeit, um ihre Ziele zu erreichen, und waren berüchtigt für ihre brutalen Überfälle und ihre rücksichtslose Vorgehensweise. Die Piratenbanden waren gut organisiert und verfügten über eigene Codes und Hierarchien, die es ihnen ermöglichten, effektiv zu agieren und Beutezüge durchzuführen.

Die Bekämpfung der Piraterie

Die Piraterie wurde im Mittelalter von den Staaten als Bedrohung für den Handel und die Sicherheit auf den Weltmeeren angesehen, und es wurden Maßnahmen ergriffen, um sie zu bekämpfen. Gesetze wurden erlassen, um die Piraterie zu verbieten, und die Staaten setzten ihre Marine ein, um die Piraten zu jagen und zu fassen. Doch trotz dieser Bemühungen blieb die Piraterie im Mittelalter ein hartnäckiges Phänomen, das nur schwer auszurotten war.

Das Erbe der Piraterie im Mittelalter

Die Piraterie im Mittelalter hat ein bleibendes Erbe hinterlassen, das bis heute weiterlebt. Ihre Geschichten und Legenden faszinieren uns noch immer und dienen als Quelle der Inspiration für Bücher, Filme und Unterhaltung. Doch hinter der romantisierten Fassade verbirgt sich eine düstere Realität von Gewalt und Kriminalität, die nicht vergessen werden darf. Die Piraterie im Mittelalter steht als Mahnung dafür, wie weit Menschen gehen können, wenn sie sich der Gesetze und der Moral entziehen und ihre eigenen Regeln aufstellen.

Die Goldene Ära der Piraterie

Im 17. Jahrhundert erreichte die Piraterie ihren Höhepunkt und wurde zu einem dominanten Phänomen auf den Weltmeeren. Diese Ära, oft als die Goldene Ära der Piraterie bezeichnet, war geprägt von einer Vielzahl von Freibeutern, die mit ihren Schiffen die Ozeane durchstreiften und Angst und Schrecken verbreiteten.

Die Hintergründe der Goldenen Ära

Die Goldene Ära der Piraterie war das Ergebnis einer Vielzahl von Faktoren, darunter politische Instabilität, wirtschaftliche Ungleichheit und die Expansion des Kolonialismus. Die europäischen Mächte kämpften um die Vorherrschaft auf den Weltmeeren und nutzten die Piraten als Privateer, um ihre Rivalen zu schwächen und ihren eigenen Einfluss zu vergrößern. Gleichzeitig boten die unzugänglichen Gewässer der Karibik und anderer Piratenhochburgen den Freibeutern ideale Verstecke und Ausgangspunkte für ihre Beutezüge.

Die legendären Piratenkapitäne

Während der Goldenen Ära der Piraterie traten einige der berühmtesten Piratenkapitäne der Geschichte auf. Namen wie Blackbeard, Captain Kidd, Anne Bonny und Bartholomew Roberts sind bis heute bekannt für ihre gewagten Überfälle, ihre brutale Methoden und ihre schillernden Persönlichkeiten.

Ihre Geschichten faszinieren noch heute und dienen als Inspiration für zahlreiche Bücher, Filme und Legenden.

Die Beutezüge und Plünderungen

Die Piraten der Goldenen Ära führten eine Vielzahl von Beutezügen und Plünderungen durch, bei denen sie Handelsschiffe, Kolonien und Hafenstädte angriffen und erbeuteten. Sie stahlen Gold, Silber, Edelsteine und andere kostbare Güter, die sie dann auf ihren Verstecken in der Karibik oder auf abgelegenen Inseln versteckten. Ihre Raubzüge brachten nicht nur Reichtum, sondern auch Angst und Schrecken über die Weltmeere.

Die Organisation der Piratenbanden

Die Piratenbanden waren gut organisiert und verfügten über eigene Codes und Hierarchien, die es ihnen ermöglichten, effektiv zu agieren und Beutezüge durchzuführen. Jede Piratencrew hatte ihren eigenen Kapitän, der die Befehle gab, und ihre eigenen Regeln, die von den Piraten eingehalten werden mussten. Diese Organisation trug dazu bei, die Effizienz der Piratenbanden zu erhöhen und ihren Erfolg auf See zu gewährleisten.

Das Ende der Goldenen Ära

Die Goldene Ära der Piraterie endete schließlich im frühen 18. Jahrhundert, als die europäischen Mächte begannen, die Piraterie aktiv zu bekämpfen und die Piratenhochburgen zu zerstören. Mit der Einführung von Gesetzen und Maßnahmen gegen die Piraterie wurden viele Piraten gefasst, hingerichtet oder gezwungen, ein normales Leben zu führen. Die Zeit der Freibeuterei war vorbei, aber ihr Erbe lebt bis heute weiter und fasziniert Generationen von Menschen auf der ganzen Welt.

Die Rolle der Handelskompanien

Die Verflechtung von Handel und Piraterie war ein charakteristisches Merkmal vieler Handelskompanien während verschiedener Epochen der Geschichte. Diese Unternehmen spielten eine bedeutende Rolle in der Entwicklung des Welthandels und hatten oft direkte oder indirekte Verbindungen zur Piraterie.

Die Entstehung der Handelskompanien

Die Handelskompanien entstanden im Zeitalter des Kolonialismus als Instrumente der europäischen Staaten, um den Handel mit Überseegebieten zu kontrollieren und zu fördern. Sie erhielten oft exklusive Handelsprivilegien und Monopole von ihren Regierungen und wurden beauftragt, die wirtschaftlichen Interessen ihres Heimatlandes zu vertreten.

Die Verbindung zur Piraterie

Viele Handelskompanien waren direkt oder indirekt mit der Piraterie verflochten. Einige Unternehmen beauftragten sogar Piraten oder Privateer, um ihre Handelsrouten zu schützen oder ihre Konkurrenten zu bekämpfen. Diese Piraten erhielten oft Geld, Waffen oder andere Vergünstigungen von den Handelskompanien im Austausch für ihre Dienste.

Die East India Company als Beispiel

Ein herausragendes Beispiel für die Verflechtung von Handel und Piraterie war die Britische Ostindien-Kompanie (East India Company). Diese Handelskompanie spielte eine entscheidende Rolle in der Entwicklung des britischen Kolonialreichs und war eng mit der Piraterie im Indischen Ozean verbunden. Die East India Company beauftragte Privateer, um ihre Handelsrouten zu schützen und ihre Rivalen zu bekämpfen, was zu Konflikten und Überfällen auf See führte.

Die Rolle der Handelskompanien im Seeraub

Einige Handelskompanien waren auch direkt am Seeraub beteiligt, entweder indem sie Piraten anheuerten oder indem sie selbst Piratenaktionen durchführten. Diese Unternehmen sahen den Seeraub oft als Mittel zur Durchsetzung ihrer Handelsinteressen und zur Stärkung ihrer Position im Wettbewerb mit anderen Handelsmächten.

Die Auswirkungen auf den Welthandel

Die Verflechtung von Handel und Piraterie hatte weitreichende Auswirkungen auf den Welthandel und die internationale Politik. Sie trug zur Entwicklung des Welthandels bei, aber auch zur Instabilität und Unsicherheit auf den Weltmeeren. Die Piraterie wurde oft als Bedrohung für den Handel und die Sicherheit angesehen, was zu Konflikten und militärischen Interventionen führte.

Das Erbe der Handelskompanien und der Piraterie

Die Handelskompanien und die Piraterie haben ein bleibendes Erbe hinterlassen, das bis heute weiterlebt. Ihre Geschichten und Legenden faszinieren uns noch immer und dienen als Quelle der Inspiration für Bücher, Filme und Unterhaltung. Doch hinter der romantisierten Fassade verbirgt sich eine düstere Realität von Gewalt und Kriminalität, die nicht vergessen werden darf. Die Verflechtung von Handel und Piraterie steht als Mahnung dafür, wie eng wirtschaftliche Interessen und politische Macht oft miteinander verbunden sind.

Die staatliche Unterstützung: Privateer-Lizenzen und staatliche Interessen

Die Geschichte der Piraterie ist eng mit staatlicher Unterstützung und staatlichen Interessen verbunden. Während die Piraterie oft als kriminelle Aktivität angesehen wird, war sie in vielen Fällen tatsächlich von staatlichen Akteuren unterstützt oder zumindest toleriert.

Die Vergabe von Privateer-Lizenzen

Eine der Formen staatlicher Unterstützung für Piraten war die Vergabe von Privateer-Lizenzen. Privateer waren private Schiffe, die von staatlichen Behörden lizenziert wurden, um gegen feindliche Schiffe zu kämpfen und sie zu kapern. Diese Schiffe wurden oft mit Kanonen und anderer Bewaffnung ausgestattet und erhielten das Recht, ihre Beute zu behalten oder zu verkaufen.

Die Motivation der Staaten

Staaten vergaben Privateer-Lizenzen aus verschiedenen Gründen. Einerseits dienten sie dazu, die Handelsinteressen des eigenen Landes zu schützen, indem sie feindliche Schiffe kaperten und den Handel auf den Weltmeeren kontrollierten. Andererseits waren Privateer auch ein Mittel zur Schwächung feindlicher Mächte, indem sie deren Handelsrouten störten und ihre Schiffe plünderten.

Die Grenzen zwischen Piraterie und Privateer

Die Grenzen zwischen Piraterie und Privateer waren oft verschwommen. Ein Schiff konnte als Privateer lizenziert sein und dennoch Piraterie betreiben, indem es auch neutrale oder verbündete Schiffe angriff. In solchen Fällen war die staatliche Unterstützung für die Piraterie offensichtlich, da die Regierung es versäumte, die Handlungen ihrer Privateer zu kontrollieren oder zu sanktionieren.

Die Komplizenschaft der Regierungen

In einigen Fällen waren Regierungen sogar direkt an der Organisation von Piratenaktivitäten beteiligt. Sie finanzierten und bewaffneten Piraten, um ihre eigenen politischen oder wirtschaftlichen Ziele zu verfolgen, und tolerierten ihre Handlungen, solange sie den Interessen des Staates dienten. Diese Komplizenschaft zwischen Regierungen und Piraten war ein dunkles Kapitel in der Geschichte der Piraterie.

Die staatliche Kontrolle und Regulierung

Trotz der staatlichen Unterstützung für Piraten gab es auch Versuche, die Piraterie zu kontrollieren und zu regulieren. Gesetze wurden erlassen, um die Handlungen von Piraten zu beschränken, und Privateer wurden aufgefordert, sich an bestimmte Regeln und Vorschriften zu halten. Doch trotz dieser

Bemühungen blieb die Piraterie ein hartnäckiges Phänomen, das nur schwer auszurotten war.

Das Erbe der staatlichen Unterstützung für Piraterie

Die staatliche Unterstützung für Piraterie hat ein bleibendes Erbe hinterlassen, das bis heute weiterlebt. Sie zeigt, wie eng staatliche Interessen und Privateer-Handlungen oft miteinander verbunden sind und wie schwierig es sein kann, die Grenzen zwischen legaler und illegaler Seefahrt zu ziehen. Die staatliche Unterstützung für Piraterie steht als Mahnung dafür, wie politische Macht und wirtschaftliche Interessen oft über moralische Prinzipien gestellt werden.

Die berühmtesten Freibeuter: Porträts und Geschichten von legendären Piraten

Die Geschichte der Piraterie ist reich an faszinierenden Persönlichkeiten, die zu Legenden wurden und die Fantasie von Generationen von Menschen auf der ganzen Welt beflügeln. Hier sind Porträts und Geschichten einiger der berühmtesten Freibeuter, die die Weltmeere durchstreiften:

Blackbeard (Edward Teach)

Blackbeard gilt als einer der berüchtigtsten Piraten aller Zeiten. Mit seinem wilden Aussehen, seinem imposanten Bart und seinen rauchenden Lunten in seinem Haar, verbreitete er Angst und Schrecken auf den Weltmeeren. Er war bekannt für seine Brutalität und Grausamkeit, aber auch für seine Geschicklichkeit im Kampf. Blackbeard wurde schließlich in einer blutigen Schlacht mit der Royal Navy getötet, aber sein Name lebt als Symbol für die goldene Ära der Piraterie weiter.

Captain Kidd (William Kidd)

Captain Kidd war ein Pirat, der es zu Reichtum und Ruhm brachte, bevor er auf tragische Weise endete. Er begann seine Karriere als Privateer, der von den englischen Behörden beauftragt wurde, feindliche Schiffe zu kapern. Doch seine Gier trieb ihn dazu, auch neutrale Schiffe anzugreifen, was ihn schließlich zum Geächteten machte. Captain Kidd wurde gefangen genommen, in London vor Gericht gestellt und schließlich gehängt. Sein Name lebt jedoch als Symbol für die Ambivalenz und die Gefahren der Piraterie weiter.

Anne Bonny und Mary Read

Anne Bonny und Mary Read waren zwei der wenigen bekannten weiblichen Piraten der Geschichte. Sie kämpften an der Seite ihrer männlichen Kameraden und waren ebenso furchtlos und gefährlich wie diese. Ihre Geschichten sind von Mut, Abenteuerlust und Entschlossenheit geprägt, und sie haben als Symbol für die Gleichberechtigung der Geschlechter in einer männerdominierten Welt gedient.

Bartholomew Roberts (Black Bart)

Bartholomew Roberts, auch bekannt als Black Bart, war einer der erfolgreichsten Piratenkapitäne seiner Zeit. Er erbeutete Hunderte von Schiffen und erlangte dadurch immense Reichtümer und Macht. Black Bart war bekannt für seine Disziplin und Effizienz, aber auch für seine Grausamkeit und Brutalität gegenüber seinen Feinden. Sein Name wurde zu einer Legende und sein Vermächtnis lebt bis heute weiter.

Henry Morgan

Henry Morgan war ein walisischer Pirat, der im 17. Jahrhundert zu Ruhm und Reichtum gelangte. Er war bekannt für seine gewagten Überfälle und seine strategischen Fähigkeiten im

Kampf. Henry Morgan wurde später zum Vizegouverneur von Jamaika ernannt, was zeigt, wie eng die Verbindung zwischen Piraterie und staatlicher Macht oft war. Sein Name wurde zu einem Symbol für die Ambivalenz und den Mythos der Piraterie.

Edward Teach, auch Thatch, Thack (* vermutlich um 1680 in Bristol, Königreich England; † 22. November 1718 in der Province of North Carolina) war ein britischer Pirat, der weltweit als Blackbeard bekannt wurde.

William Kidd (* 1654 in Greenock; † 23. Mai 1701 in London) war ein schottischer Freibeuter, der später aber als Pirat zum Tode durch den Strang verurteilt wurde.

Mary Read (* um 1685 in London, England; † 28. April 1721 in Santiago de la Vega, Jamaika) war eine legendäre englische Piratin. Zusammen mit ihrer Freundin Anne Bonny gingen die beiden als Piraten-Frauenpaar in die Legende ein.

Bartholomew Roberts (* 1682 in Pembroke-shire als John Roberts; † 10. Februar 1722 bei Cap Lopez) war ein berüchtigter Pirat, der zwischen 1719 und 1722 die Handels-schiffahrt zwischen Amerika und Westafrika bedrohte. Gemessen an der Zahl der von ihm erbeuteten Schiffe und Prisen war er der erfolgreichste Pirat des Goldenen Zeitalters der Piraterie. Nach seinem Tod wurde er unter dem Namen Black Bart (walisisch: Barti Ddu) populär, den er jedoch zu seinen Lebzeiten nicht verwendete.

Henry Morgan (* um 1635; † 25. August 1688 in Port Royal) war ein walisischer Freibeuter und ab 1674 Vizegouverneur von Jamaika.

Die Organisation der Piraten: Hierarchie, Codes und Traditionen

Die Welt der Piraterie war geprägt von einer einzigartigen Organisationsstruktur, die Hierarchie, Codes und Traditionen umfasste. Diese Elemente waren entscheidend für das Funktionieren der Piratenbanden und trugen zur Effizienz ihrer Operationen bei.

Die Hierarchie auf einem Piratenschiff

Auf einem Piratenschiff herrschte eine klare Hierarchie, die vom Kapitän bis zu den einfachen Matrosen reichte. Der Kapitän hatte das oberste Kommando und traf alle wichtigen Entscheidungen in Bezug auf die Navigation, die Taktik und die Verteilung der Beute. Darunter standen der Steuermann, der für die Navigation verantwortlich war, und der Bootsmann, der für die Wartung des Schiffes zuständig war. Die einfachen Matrosen waren für die täglichen Arbeiten an Bord verantwortlich und mussten den Anweisungen ihrer Vorgesetzten Folge leisten.

Die Piratencodes

Piraten hatten oft eigene Codes und Regeln, die das Verhalten an Bord regelten. Diese Codes umfassten oft Dinge wie die Verteilung der Beute, die Behandlung von Gefangenen und die

Disziplin an Bord. Ein bekanntes Beispiel ist der ›Piratencode‹ von Bartholomew Roberts, der die Rechte und Pflichten der Piraten an Bord festlegte und ihre Zusammenarbeit und Solidarität förderte.

Die Traditionen und Rituale der Piraten

Die Piraten hatten auch ihre eigenen Traditionen und Rituale, die sie an Bord pflegten. Dazu gehörten Dinge wie das Hissen der Piratenflagge, das Trinken von Rum und das Feiern von besonderen Anlässen wie erfolgreichen Beutezügen oder der Beförderung eines neuen Crewmitglieds. Diese Traditionen halfen dabei, ein Gefühl der Zusammengehörigkeit und Kameradschaft unter den Piraten zu fördern und ihre moralische Unterstützung zu stärken.

Die Bedeutung von Disziplin und Gehorsam

Disziplin und Gehorsam waren entscheidend für das Funktionieren einer Piratenbande. Piraten, die gegen die Regeln verstießen oder Befehle des Kapitäns missachteten, wurden oft hart bestraft, um ein Exempel zu statuieren und die Autorität des Kapitäns zu stärken. Diese harte Disziplin war notwendig, um die Ordnung an Bord aufrechtzuerhalten und den Erfolg der Piratenoperationen zu gewährleisten.

Das Erbe der Piratenorganisation

Die Organisation der Piraten hat ein bleibendes Erbe hinterlassen, das bis heute weiterlebt. Ihre Hierarchie, Codes und Traditionen haben als Inspiration für zahlreiche Bücher, Filme und Legenden gedient und faszinieren noch immer die Fantasie von Menschen auf der ganzen Welt. Doch hinter der romantisierten Fassade verbirgt sich eine düstere Realität von Gewalt und Kriminalität, die nicht vergessen werden darf. Die Organisation der Piraten steht als Mahnung dafür, wie selbst in den dunkelsten Ecken der Geschichte Strukturen und Regeln existieren können, die das Verhalten der Menschen beeinflussen und lenken.

Die Schlacht um die Schätze: Kämpfe und Konflikte auf hoher See

Die Welt der Piraterie war geprägt von unzähligen Kämpfen und Konflikten auf hoher See, während rivalisierende Piraten, Handelsschiffe und staatliche Flotten um die begehrten Schätze stritten.

Die Taktiken der Piraten

Piraten waren Meister der Täuschung und Überraschung auf hoher See. Sie nutzten oft List und Tücke, um ihre Feinde zu überlisten und sich einen strategischen Vorteil zu verschaffen. Ein beliebtes Manöver war es, sich als freundliches Handelsschiff zu tarnen, um ihre Opfer in Sicherheit zu wiegen, bevor sie überraschend angriffen und ihre Beute raubten.

Die Schlachten zwischen rivalisierenden Piratenbanden

Nicht nur gegen Handelsschiffe und staatliche Flotten kämpften Piraten, sondern auch untereinander. Rivalisierende Piratenbanden stritten um die Vorherrschaft auf den Weltmeeren und kämpften erbitterte Schlachten um die besten Beutezüge und Handelsrouten. Diese Konflikte waren oft blutig und brutal und forderten zahlreiche Opfer auf beiden Seiten.

Die Angriffe auf Handelsschiffe und Küstendörfer

Handelsschiffe und Küstendörfer waren häufige Ziele für Piratenangriffe. Die Piraten nutzten ihre Schnelligkeit und Beweglichkeit, um überraschend zuzuschlagen und ihre Opfer zu überwältigen. Sie plünderten die Schiffe und Dörfer nach wertvollen Gütern wie Gold, Silber und Edelsteinen und verschwanden dann so schnell, wie sie gekommen waren.

Die Verteidigung der Handelsschiffe und Küstenstädte

Um sich gegen Piratenangriffe zu verteidigen, griffen Handelsschiffe und Küstenstädte oft zu verschiedenen Maßnahmen. Sie bewaffneten sich mit Kanonen und anderen Waffen, um sich gegen die Piraten zur Wehr zu setzen, und bauten Verteidigungsanlagen wie Festungen und Wachtürme, um ihre Küsten zu schützen. Trotz dieser Bemühungen waren Piratenangriffe oft erfolgreich und verursachten erhebliche Schäden und Verluste.

Die Rolle der staatlichen Flotten

Auch staatliche Flotten spielten eine wichtige Rolle in der Schlacht um die Schätze auf hoher See. Sie patrouillierten die Weltmeere, um Handelsschiffe und Küstenstädte zu schützen und Piratenangriffe abzuwehren. Doch trotz ihrer Bemühungen blieb die Piraterie ein hartnäckiges Phänomen, das nur schwer auszurotten war.

Das Erbe der Schlacht um die Schätze

Die Schlacht um die Schätze auf hoher See hat ein bleibendes Erbe hinterlassen, das bis heute weiterlebt. Ihre Geschichten von Mut, Abenteuer und Verrat faszinieren uns noch immer und dienen als Inspiration für zahlreiche Bücher, Filme und Legenden. Doch hinter der romantisierten Fassade verbirgt sich eine düstere Realität von Gewalt und Kriminalität, die nicht vergessen werden darf. Die Schlacht um die Schätze steht als Mahnung dafür, wie der Kampf um Reichtum und Macht die Menschen zu den dunkelsten Taten treiben kann.

Die Legenden und Mythen:
Die romantisierte Darstellung
der Freibeuter

Die Welt der Piraterie ist reich an Legenden und Mythen, die das Bild der Freibeuter oft romantisch und heroisch erscheinen lassen. Doch hinter der glänzenden Fassade der Piratenromantik verbirgt sich eine düstere Realität von Gewalt, Kriminalität und Brutalität.

Die Freibeuter als Helden der Freiheit

In vielen Legenden werden Piraten als rebellische Helden dargestellt, die gegen Unterdrückung und Tyrannei kämpfen und für die Freiheit der Meere einstehen. Sie werden als tapfere Männer und Frauen porträtiert, die sich mutig gegen die mächtigen Herrscher und Handelsgesellschaften ihrer Zeit stellen und ihr eigenes Schicksal in die Hand nehmen.

Die romantische Vorstellung vom Piratenleben

Die romantische Vorstellung vom Piratenleben beinhaltet oft Bilder von abenteuerlichen Seefahrten, versteckten Schätzen und exotischen Inseln. Piraten werden als furchtlose Abenteurer gezeigt, die das Leben in vollen Zügen genießen und sich nicht an die Regeln der Gesellschaft oder der Regierung halten. Sie werden als Freigeister und Individualisten porträtiert, die nach ihren eigenen Regeln leben und sich von niemandem einschränken lassen.

Die Verklärung der Piratenkultur

Die Piratenkultur wird oft verklärt und romantisiert, und viele Menschen sehnen sich nach dem vermeintlichen Freiheitsgefühl und der Ungebundenheit, die mit dem Piratenleben verbunden sind. Piratenflaggen, Schatzkarten und Piratenschiffe haben eine starke symbolische Bedeutung und dienen als Symbole für Abenteuerlust, Rebellion und Freiheit.

Die Rolle der Popkultur

Die romantisierte Darstellung der Freibeuter wird auch durch die Popkultur verstärkt, die Piraten als beliebte Figuren in Büchern, Filmen und Videospielen darstellt. Von Klassikern wie ›Die Schatzinsel‹ bis zu modernen Blockbustern wie ›Fluch der Karibik‹ haben Piraten eine faszinierende Anziehungskraft auf die Massen und bleiben eine Quelle der Inspiration und Unterhaltung.

Die Realität hinter den Legenden

Doch hinter den romantischen Legenden und Mythen verbirgt sich eine dunkle Realität von Gewalt, Brutalität und Kriminalität. Piraten waren oft skrupellose Verbrecher, die ohne Rücksicht auf Verluste plünderten, mordeten und brandschatzten. Sie waren keine Helden, sondern Gesetzlose, die das Leben und die Sicherheit unschuldiger Menschen gefährdeten und zerstörten.

Das Erbe der Piratenromantik

Die romantisierte Darstellung der Freibeuter hat ein bleibendes Erbe hinterlassen, das bis heute weiterlebt. Ihre Geschichten von Abenteuer, Mut und Freiheit faszinieren uns noch immer und dienen als Inspiration für zahlreiche Bücher, Filme und Legenden. Doch es ist wichtig, sich daran zu erinnern, dass die Realität der Piraterie oft weit entfernt von der romantischen Vorstellung ist und dass die wahren Piraten eine dunkle und gefährliche Seite hatten, die nicht vergessen werden darf.

Die Bedrohung für den Handel: Die wirtschaftlichen Auswirkungen der Piraterie

Die Piraterie hatte verheerende wirtschaftliche Auswirkungen auf den Handel und die Wirtschaft der betroffenen Regionen. Die ständige Bedrohung durch Piratenangriffe führte zu einem Rückgang des Handels, höheren Versicherungskosten und einer allgemeinen Verunsicherung der Märkte.

Die Unterbrechung der Handelsrouten

Piratenangriffe führten oft zur Unterbrechung wichtiger Handelsrouten, da Handelsschiffe gezwungen waren, alternative Wege zu wählen oder sich vor Piraten zu verstecken. Dies führte zu Verzögerungen bei der Lieferung von Waren, höheren Transportkosten und einem Rückgang des Handelsvolumens insgesamt.

Die steigenden Versicherungskosten

Die ständige Bedrohung durch Piratenangriffe führte zu einem Anstieg der Versicherungskosten für Handelsschiffe und Waren. Versicherungsgesellschaften verlangten höhere Prämien für die Versicherung gegen Piratenangriffe, was die Handelskosten weiter erhöhte und die Rentabilität vieler Handelsunternehmen beeinträchtigte.

Die Verunsicherung der Märkte

Die ständige Bedrohung durch Piratenangriffe führte zu einer allgemeinen Verunsicherung der Märkte, da Händler und Investoren Angst hatten, ihr Geld zu verlieren. Viele Unternehmen waren weniger bereit, in den Handel zu investieren, und viele Händler zögerten, riskante Routen zu befahren, was zu einem Rückgang des Handelsvolumens und einer allgemeinen Wirtschaftsflaute führte.

Die Auswirkungen auf die lokale Wirtschaft

Besonders betroffen von den wirtschaftlichen Auswirkungen der Piraterie waren die Küstenregionen, die stark vom Handel abhängig waren. Piratenangriffe führten zu einem Rückgang des Tourismus, einem Einbruch der Handelsaktivitäten und einem Verlust von Arbeitsplätzen in Branchen wie dem Fischfang und dem Handel.

Die Gegenmaßnahmen der Regierungen

Um die wirtschaftlichen Auswirkungen der Piraterie einzudämmen, griffen Regierungen oft zu verschiedenen Maßnahmen. Dazu gehörten die Entsendung von Marineflotten, um Handelsschiffe zu schützen, die Errichtung von Verteidigungsanlagen an gefährdeten Küstenabschnitten und die Auslobung von Kopfgeldern für die Ergreifung und Bestrafung von Piraten.

Das Erbe der Piraterie für den Handel

Die Piraterie hat ein bleibendes Erbe für den Handel hinterlassen, das bis heute weiterlebt. Ihre Auswirkungen auf die Handelsrouten, die Versicherungskosten und die Märkte haben die Weltwirtschaft nachhaltig beeinflusst und sind ein Beispiel dafür, wie Kriminalität und Gewalt das wirtschaftliche Wohlergehen ganzer Regionen gefährden können.

Die Bekämpfung der Piraterie:
Die Maßnahmen der Regierungen gegen
die Freibeuter

Die Piraterie war ein ständiges Ärgernis für Regierungen und Handelsorganisationen, die mit verschiedenen Maßnahmen versuchten, das Problem der Piraterie einzudämmen und die Sicherheit auf den Weltmeeren zu gewährleisten.

Die Entsendung von Marineflotten

Eine der wichtigsten Maßnahmen zur Bekämpfung der Piraterie war die Entsendung von Marineflotten, um Handelsschiffe zu schützen und Piratenangriffe abzuwehren. Diese Marineeinheiten patrouillierten die Weltmeere und griffen aktiv gegen Piratenbanden vor, indem sie ihre Stützpunkte angriffen, ihre Schiffe kaperten und ihre Anführer verhafteten oder töteten.

Die Errichtung von Verteidigungsanlagen

Um die Küsten vor Piratenangriffen zu schützen, errichteten Regierungen Verteidigungsanlagen wie Festungen, Wachtürme und Küstenbefestigungen. Diese Anlagen dienten dazu, Piratenschiffe frühzeitig zu entdecken und abzuwehren sowie den

Schutz von Handelsschiffen und Küstensiedlungen zu gewährleisten.

Die Auslobung von Kopfgeldern

Um Piraten zur Strecke zu bringen, setzten Regierungen oft Kopfgelder aus für die Ergreifung und Bestrafung von Piratenanführern und -mitgliedern. Diese Kopfgelder waren eine starke Motivation für Seeleute, Piratenbanden zu infiltrieren und Informationen über ihre Aktivitäten an die Behörden weiterzugeben.

Die Verhandlungen und Abkommen mit anderen Nationen

Regierungen führten auch Verhandlungen und schlossen Abkommen mit anderen Nationen, um gemeinsam gegen die Piraterie vorzugehen. Durch internationale Kooperation und Zusammenarbeit konnten Piratenbanden effektiver bekämpft und ihre Aktivitäten eingedämmt werden.

Die Bestrafung von Piraten

Piraten wurden oft mit großer Härte bestraft, um ein Exempel zu statuieren und andere von ähnlichen Taten abzuschrecken. Sie wurden öffentlich gehängt, geköpft oder lebendig begraben, um die Autorität der Regierungen zu stärken und die Piraterie einzudämmen.

Die Herausforderungen der Bekämpfung der Piraterie

Trotz aller Bemühungen blieb die Bekämpfung der Piraterie eine große Herausforderung für die Regierungen. Die Piraten waren oft sehr geschickt darin, den Behörden auszuweichen und sich in abgelegenen Häfen und Inseln zu verstecken. Zudem hatten sie oft die Unterstützung lokaler Bevölkerungsgruppen, die von ihren Raubzügen profitierten.

Das Erbe der Piratenbekämpfung

Die Maßnahmen der Regierungen gegen die Piraterie haben ein bleibendes Erbe hinterlassen, das bis heute weiterlebt. Ihre Bemühungen, die Sicherheit auf den Weltmeeren zu gewährleisten und die Piraterie einzudämmen, haben dazu beigetragen, dass die Seefahrt zu einem sichereren und stabileren Geschäftszweig wurde. Dennoch bleibt die Piraterie eine beständige Bedrohung, die niemals vollständig ausgerottet werden kann, und erfordert weiterhin die Aufmerksamkeit und das Engagement der internationalen Gemeinschaft.

Der Niedergang der Piraterie: Ursachen und Folgen des Endes der goldenen Ära

Die goldene Ära der Piraterie, die im 17. Jahrhundert ihren Höhepunkt erreichte, fand ein Ende durch eine Vielzahl von Ursachen und hatte weitreichende Folgen für die Seefahrt und die Weltwirtschaft.

Das Ende der staatlichen Unterstützung

Eine der Hauptursachen für den Niedergang der Piraterie war das Ende der staatlichen Unterstützung für Privateer-Lizenzen und die zunehmende Ablehnung von Piratenaktivitäten durch die Regierungen. Zunehmend wurden Piraten als Gesetzlose betrachtet und nicht mehr als legitime Akteure im Kampf um Handelsinteressen.

Die verstärkte Bekämpfung durch Regierungen

Regierungen verstärkten ihre Bemühungen, die Piraterie zu bekämpfen, indem sie Marineflotten entsandten, Verteidigungsanlagen errichteten und Kopfgelder auslobten für die Ergreifung von Piraten. Diese Maßnahmen führten dazu, dass viele Piraten gefasst, verurteilt und bestraft wurden, was ihre Aktivitäten stark einschränkte.

Die Veränderungen im Seehandel

Mit dem Ende der goldenen Ära der Piraterie änderte sich auch der Seehandel. Handelsschiffe wurden besser geschützt, Handelsrouten wurden sicherer und die Versicherungskosten gingen zurück. Dies führte dazu, dass der Handel wieder florierte und neue Märkte erschlossen wurden, was den wirtschaftlichen Niedergang vieler Piratenbanden beschleunigte.

Die Veränderungen in der Gesellschaft

Der Niedergang der Piraterie hatte auch weitreichende soziale Auswirkungen. Viele ehemalige Piraten fanden sich arbeitslos und ohne Perspektive wieder, da ihre einst lukrativen Geschäfte nicht mehr existierten. Einige kehrten in ihre Heimatländer zurück und versuchten, ein ehrliches Leben zu führen, während andere weiterhin ein Leben als Gesetzlose führten, jedoch zunehmend isoliert und verfolgt von den Behörden.

Das Erbe der goldenen Ära der Piraterie

Obwohl die goldene Ära der Piraterie ein Ende fand, hinterließ sie ein bleibendes Erbe, das bis heute weiterlebt. Ihre Geschichten von Abenteuer, Mut und Freiheit faszinieren uns noch immer und dienen als Inspiration für zahlreiche Bücher, Filme und Legenden. Doch es ist wichtig, sich daran zu erinnern, dass die Realität der Piraterie oft weit entfernt von der romantischen Vorstellung ist und dass die wahren Piraten eine dunkle und gefährliche Seite hatten, die nicht vergessen werden darf.

Die Nachwirkungen der Piraterie: Die Erinnerung an die Freibeuter in der Kultur

Die Piraterie hat eine tiefgreifende und dauerhafte Spur in der Kultur hinterlassen, die weit über ihr Ende hinausreicht. Von literarischen Werken bis zu Filmen und Volksfesten bleiben die Freibeuter in der kollektiven Vorstellung lebendig und prägen weiterhin unser Verständnis von Abenteuer, Freiheit und Rebellion.

Die Piraten in der Literatur

Die Figur des Piraten ist ein beliebtes Motiv in der Literatur und hat zahlreiche Klassiker hervorgebracht, die bis heute gelesen und geschätzt werden. Werke wie ›Die Schatzinsel‹ von Robert Louis Stevenson und ›Der Pirat‹ von Walter Scott haben das Bild des Piraten geprägt und sind fester Bestandteil der literarischen Tradition.

Die Piraten im Film und Fernsehen

Auch im Bereich Film und Fernsehen haben Piraten eine starke Präsenz. Von klassischen Filmen wie ›Fluch der Karibik‹ bis zu modernen Serien wie ›Black Sails‹ faszinieren Piratenabenteuer ein breites Publikum und sorgen für Unterhaltung und Spannung.

Die Piraten in der Popkultur

Die Piraterie hat auch Einzug in die Popkultur gehalten und inspiriert Musiker, Künstler und Designer auf der ganzen Welt. Piratenflaggen, Schatzkarten und Piratenschiffe sind beliebte Motive in der Kunst und dienen als Symbole für Abenteuerlust, Rebellion und Freiheit.

Die Piratenfeste und Veranstaltungen

In einigen Regionen werden Piratenfeste und Veranstaltungen abgehalten, um die Erinnerung an die Freibeuter lebendig zu halten und die Piraterikultur zu feiern. Bei diesen Veranstaltungen können Besucher in die Welt der Piraten eintauchen, historische Schiffe besichtigen und an spannenden Seeschlachten teilnehmen.

Die Piraten als Symbole für Freiheit und Rebellion

Die Figur des Piraten wird oft als Symbol für Freiheit und Rebellion betrachtet und dient als Inspiration für Menschen, die sich gegen Unterdrückung und Tyrannei auflehnen. Piraten werden als tapfere Männer und Frauen porträtiert, die sich mutig gegen die Mächtigen stellen und für ihre Überzeugungen kämpfen.

Das Erbe der Piraterie in der Kultur

Die Piraterie hat ein bleibendes Erbe in der Kultur hinterlassen, das bis heute weiterlebt und uns daran erinnert, dass das Leben auf See voller Abenteuer, Gefahren und Freiheiten ist. Die Erinnerung an die Freibeuter wird in der Literatur, im Film, in der Kunst und in der Popkultur lebendig gehalten und bleibt eine faszinierende Quelle der Inspiration und Unterhaltung für Generationen von Menschen.

Die Neuinterpretation der Freibeuter: Moderne Perspektiven auf die Piraterie

Die Piraterie, eine lange vergangene Ära, hat auch in der modernen Zeit eine faszinierende Resonanz und wird auf verschiedene Weise neu interpretiert und betrachtet. Von historischen Studien bis zu modernen Debatten über Recht und Gerechtigkeit werfen moderne Perspektiven ein neues Licht auf die Piraterie und ihre Bedeutung für die heutige Gesellschaft.

Die historische Forschung

Historiker und Forscher haben in den letzten Jahrzehnten intensive Studien zur Piraterie betrieben, um ihre Geschichte und Bedeutung besser zu verstehen. Durch Archivforschung, archäologische Ausgrabungen und interdisziplinäre Analysen werden neue Erkenntnisse über das Leben und die Aktivitäten der Piraten gewonnen, die unser Verständnis der Vergangenheit erweitern.

Die kulturelle Wahrnehmung

Die kulturelle Wahrnehmung der Piraterie hat sich im Laufe der Zeit verändert und wird heute oft romantisiert und idealisiert. Von Piratenpartys bis zu Piratenfestivals wird die Freibeuterkultur gefeiert und als Ausdruck von Freiheit, Abenteuer und Unabhängigkeit betrachtet.

Die moralische Debatte

Die Piraterie wirft auch moralische Fragen auf, die heute noch relevant sind. Von der Frage nach dem Recht auf Beute bis hin zu Diskussionen über Gerechtigkeit und Strafe fordert die Piraterie moderne Denker und Juristen heraus, über die Grenzen von Gesetz und Moral nachzudenken.

Die wirtschaftliche Analyse

Ökonomen und Wirtschaftswissenschaftler betrachten die Piraterie oft aus einem ökonomischen Blickwinkel und analysieren ihre Auswirkungen auf den Seehandel und die Weltwirtschaft. Durch mathematische Modelle und statistische Analysen werden die Kosten und Nutzen der Piraterie untersucht und ihre langfristigen Auswirkungen auf die Entwicklung von Handelsrouten und -märkten bewertet.

Die politische Bedeutung

Die Piraterie hat auch politische Implikationen und wird von einigen als Ausdruck von Widerstand gegen Unterdrückung und Kolonialismus betrachtet. Die Freibeuter werden als Rebellen und Freiheitskämpfer porträtiert, die sich gegen die Autorität der Mächtigen auflehnen und für ihre Freiheit kämpfen.

Die Erinnerung und Repräsentation

Die Art und Weise, wie Piraten in der modernen Zeit dargestellt und erinnert werden, trägt dazu bei, unsere Vorstellungen von Abenteuer, Freiheit und Gerechtigkeit zu formen. Durch Bücher, Filme, Kunstwerke und andere Medien werden die Freibeuter als kulturelle Symbole und Ikone der Rebellion gefeiert und in der kollektiven Vorstellung lebendig gehalten.

Die Reflexion und Interpretation

Die Neuinterpretation der Piraterie in der modernen Zeit fordert uns dazu auf, über die Bedeutung von Freiheit, Gerechtigkeit und Moral nachzudenken und die Rolle der Piraten in der Geschichte und in der Gesellschaft zu reflektieren und zu interpretieren. Durch eine vielfältige und multidisziplinäre Betrachtung können wir ein umfassenderes Bild von den Freibeutern und ihrer Bedeutung für die moderne Welt gewinnen.

Die Wiederkehr der Piraterie:

Die Herausforderungen der modernen Piraterie

Die Piraterie, ein Phänomen, das oft mit vergangenen Jahrhunderten in Verbindung gebracht wird, erlebt in der modernen Zeit eine unerwartete Wiederkehr. Doch die heutige Piraterie unterscheidet sich in vielerlei Hinsicht von der Piraterie vergangener Zeiten und stellt die internationale Gemeinschaft vor neue und komplexe Herausforderungen.

Die Veränderungen im Seehandel

Einer der Hauptgründe für die Wiederkehr der Piraterie ist die Zunahme des internationalen Seehandels und die damit verbundenen Sicherheitslücken. Moderne Frachtschiffe sind oft schlecht geschützt und bieten Piraten eine attraktive Gelegenheit für Überfälle und Entführungen.

Die Globalisierung und technologische Entwicklung

Die Globalisierung und die technologische Entwicklung haben es den Piraten erleichtert, ihre Aktivitäten zu koordinieren und auf moderne Technologien zurückzugreifen, um ihre Ziele zu erreichen. GPS, Satellitentelefone und schnelle Motorboote ermöglichen es den Piraten, schnell und effektiv zu operieren und den Behörden zu entkommen.

Die Schwäche staatlicher Autoritäten

In einigen Regionen der Welt sind staatliche Autoritäten schwach oder korrupt, was es den Piraten ermöglicht, ungestraft zu agieren und ihre Aktivitäten ungehindert fortzusetzen. Die Instabilität in Ländern wie Somalia und Nigeria hat dazu geführt, dass Piraterie zu einem lukrativen Geschäft geworden ist und eine ernsthafte Bedrohung für den internationalen Seehandel darstellt.

Die Komplexität der Bekämpfung

Die Bekämpfung der modernen Piraterie ist eine komplexe und herausfordernde Aufgabe, die eine koordinierte und multilaterale Antwort erfordert. Internationale Organisationen wie die UN, die NATO und die EU arbeiten zusammen, um Piraterie zu bekämpfen, indem sie Patrouillen schicken, Sicherheitsmaßnahmen verbessern und die Zusammenarbeit mit betroffenen Ländern verstärken.

Die menschlichen Kosten

Hinter den Statistiken und Schlagzeilen stehen die menschlichen Kosten der modernen Piraterie. Für die Besatzungen von entführten Schiffen und ihre Familien bedeuten Piratenangriffe oft Angst, Trauma und Verlust. Die physischen und psychischen Auswirkungen können lange nach einem Angriff spürbar bleiben und das Leben der Betroffenen für immer verändern.

Die Suche nach Lösungen

Die Suche nach Lösungen für die Herausforderungen der modernen Piraterie erfordert eine ganzheitliche und koordinierte Strategie, die politische, wirtschaftliche, rechtliche und soziale Maßnahmen umfasst. Durch internationale Zusammenarbeit, Kapazitätsaufbau und nachhaltige Entwicklung können wir Piraterie bekämpfen und die Sicherheit auf den Weltmeeren verbessern.

Die Bekämpfung der modernen Piraterie:

Internationale Maßnahmen und Strategien

Die Bekämpfung der modernen Piraterie ist eine komplexe und herausfordernde Aufgabe, die eine koordinierte und multilaterale Antwort erfordert. Angesichts der globalen Natur der Piraterie und der grenzüberschreitenden Dimensionen der Bedrohung arbeiten Staaten und internationale Organisationen zusammen, um effektive Maßnahmen und Strategien zu entwickeln.

Internationale maritime Patrouillen

Eine der wichtigsten Maßnahmen zur Bekämpfung der modernen Piraterie sind internationale maritime Patrouillen in gefährdeten Gewässern. Die NATO, die EU und andere regionale Organisationen entsenden Kriegsschiffe und Überwachungsflugzeuge, um Piratenaktivitäten zu überwachen, verdächtige Schiffe zu identifizieren und notfalls einzugreifen, um Angriffe abzuwehren.

Kooperation und Informationsaustausch

Eine effektive Bekämpfung der Piraterie erfordert eine enge Zusammenarbeit und einen regelmäßigen Informationsaustausch zwischen den betroffenen Staaten und Organisationen. Durch gemeinsame Operationen, gemeinsame Trainingsprogramme und den Austausch von Geheimdienstinformationen können Piratenaktivitäten frühzeitig erkannt und vereitelt werden.

Stärkung der maritimen Sicherheit

Um die maritime Sicherheit zu stärken und Piraterie zu bekämpfen, investieren viele Staaten in die Modernisierung ihrer Küstenwache und Marine. Neue Überwachungs- und Kommunikationstechnologien, wie zum Beispiel Radarsysteme und Satellitentechnologie, werden eingesetzt, um verdächtige Aktivitäten zu überwachen und schnelle Reaktionszeiten zu gewährleisten.

Bekämpfung der Finanzierung und Unterstützung

Die Bekämpfung der modernen Piraterie erfordert auch Maßnahmen zur Unterbindung der Finanzierung und Unterstützung der Piraten. Internationale Geldwäschebekämpfungsbehörden und Strafverfolgungsbehörden arbeiten zusammen, um Geldströme zu verfolgen, illegale Gewinne zu beschlagnahmen und die Hintermänner der Piraterie zu identifizieren und vor Gericht zu stellen.

Entwicklungszusammenarbeit und Armutsbekämpfung

Ein wichtiger Aspekt der langfristigen Bekämpfung der Piraterie ist die Entwicklungszusammenarbeit und Armutsbekämpfung in den betroffenen Regionen. Indem die Ursachen von Piraterie wie Armut, Arbeitslosigkeit und mangelnde wirt-

schaftliche Perspektiven angegangen werden, können die An-
reize für Piraterie verringert und alternative Lebensunterhalts-
möglichkeiten geschaffen werden.

Rechtsprechung und Strafverfolgung

Die effektive Verfolgung und Bestrafung von Piraten ist entscheidend für die Abschreckung und Bekämpfung der Piraterie.
Internationale Abkommen und Konventionen, wie das See-
rechtsübereinkommen der Vereinten Nationen und das Über-
einkommen der Internationalen Seeschifffahrts-Organisation
zur Bekämpfung von Piraterie, legen rechtliche Grundlagen
fest und ermöglichen die Verfolgung und Bestrafung von Piraten vor internationalen Gerichten.

Insgesamt erfordert die Bekämpfung der modernen Piraterie
eine umfassende und koordinierte Strategie, die politische, wirtschaftliche, rechtliche und soziale Maßnahmen umfasst. Durch
internationale Zusammenarbeit und Engagement können wir
Piraterie wirksam bekämpfen und die Sicherheit auf den Weltmeeren gewährleisten.

Die Legenden der Freibeuter:
Mythos und Realität

In diesem Kapitel werden wir die faszinierende Welt der Freibeuter aus einem neuen Blickwinkel betrachten. Anstatt uns auf die gängigen Darstellungen in Film, Literatur und Popkultur zu konzentrieren, werden wir tiefer in die historischen Fakten eintauchen und die Entwicklung des Freibeutertums im Kontext seiner Zeit beleuchten.

Die Entstehung des Freibeutertums

Wir werden die Anfänge des Freibeutertums untersuchen und verstehen, wie sich dieses Phänomen im Laufe der Geschichte entwickelt hat. Von den ersten Piraten der Antike bis hin zu den berühmten Freibeutern des 17. Jahrhunderts werden wir die unterschiedlichen Epochen und Regionen erkunden, in denen Piraterie eine Rolle spielte.

Die Realität hinter dem Mythos

Entgegen der romantisierten Darstellungen in der Popkultur werden wir uns der realen Welt der Freibeuter zuwenden. Wir werden die wirtschaftlichen, politischen und sozialen Bedingungen analysieren, die zur Entstehung und Blütezeit des Freibeutertums beigetragen haben, und die oft harten und brutalen Lebensbedingungen der Piraten aufdecken.

Die Rolle der Freibeuter in der Geschichte

Statt sie als reine Gesetzlose zu betrachten, werden wir die vielschichtige Rolle der Freibeuter in der Geschichte untersuchen. Wir werden sehen, wie sie nicht nur als Plünderer und Raubritter agierten, sondern auch als Söldner, Kaperfahrer und Privateer-Lizenznehmer, die im Dienst von Staaten standen.

Die Erinnerung an die Freibeuter

Abschließend werden wir die kulturelle Bedeutung der Freibeuter betrachten und untersuchen, wie ihr Vermächtnis in der modernen Welt weiterlebt. Von historischen Legenden bis hin zu zeitgenössischen Interpretationen werden wir sehen, wie die Freibeuter als Symbole der Freiheit, Rebellion und Abenteuerlust unsere Vorstellungskraft weiterhin beflügeln.

In diesem Kapitel werden wir die Grenzen zwischen Mythos und Realität verwischen und ein tieferes Verständnis für die komplexe Welt der Freibeuter gewinnen. Durch eine multidisziplinäre Herangehensweise werden wir neue Einsichten gewinnen und das Erbe der Freibeuter in einem neuen Licht betrachten.

Die Zukunft der Piraterie: Herausforderungen und Perspektiven im 21. Jahrhundert

Die moderne Piraterie steht vor einer Vielzahl von Herausforderungen und Veränderungen, die ihre Zukunft maßgeblich beeinflussen werden. In diesem Kapitel werfen wir einen Blick auf die aktuellen Trends und Entwicklungen, die die Piraterie im 21. Jahrhundert prägen, und diskutieren mögliche Perspektiven für die Zukunft.

Adaptation und Innovation der Piraten

Eine der bemerkenswertesten Entwicklungen im Bereich der Piraterie ist die Fähigkeit der Piraten, sich an neue Technologien und Trends anzupassen. Moderne Piraten nutzen GPS-Systeme, schnelle Boote und hochentwickelte Kommunikationstechnologien, um ihre Aktivitäten zu planen und durchzuführen. Ihre Fähigkeit zur Innovation und Anpassungsfähigkeit stellt eine Herausforderung für die Bekämpfung der Piraterie dar.

Cyber-Piraterie und digitale Bedrohungen

Mit dem zunehmenden Einsatz von Informationstechnologie in der Schifffahrt und im Handel eröffnen sich neue Möglichkeiten für Piraten, ihre Aktivitäten auf Cyber-Raum auszudehnen. Cyber-Piraterie, einschließlich Hacking, Datendiebstahl und Sabotage, wird zu einer wachsenden Bedrohung für die maritime Sicherheit und erfordert eine verstärkte Zusammenarbeit zwischen Regierungen und Unternehmen.

Umweltzerstörung und illegale Fischerei

Ein weiteres wichtiges Thema im Zusammenhang mit der Zukunft der Piraterie ist die Verknüpfung mit Umweltzerstörung und illegaler Fischerei. Viele Piraten nutzen ihre Fähigkeiten und Ressourcen, um nicht nur Schiffe zu überfallen, sondern auch natürliche Ressourcen wie Fischbestände und Meeresböden zu plündern. Dies hat schwerwiegende Auswirkungen auf die Umwelt und die ökologische Nachhaltigkeit der Meere.

Regionale Konflikte und politische Instabilität

Die Piraterie ist eng mit regionalen Konflikten und politischer Instabilität verbunden, die oft die Ursache für Piratenaktivitäten sind. In Gebieten mit schwachen staatlichen Strukturen und begrenzter Überwachung können Piraten leicht operieren und ihre Aktivitäten ausweiten. Die Bekämpfung der Piraterie erfordert daher auch die Lösung zugrunde liegender politischer und sozialer Probleme.

Internationale Zusammenarbeit und koordinierte Maßnahmen

Angesichts der globalen Natur der Piraterie und ihrer Auswirkungen auf den internationalen Handel und die maritime Sicherheit ist eine verstärkte internationale Zusammenarbeit und koordinierte Maßnahmen erforderlich. Durch die Stärkung der maritimen Überwachung, den Austausch von Geheimdienstinformationen und die Verfolgung von Piraten vor internationalen Gerichten können wir effektiv gegen Piraterie vorgehen und die Sicherheit auf den Weltmeeren gewährleisten.

Insgesamt steht die Piraterie vor einer ungewissen Zukunft, die von einer Vielzahl von Faktoren beeinflusst wird. Durch eine ganzheitliche und koordinierte Strategie können wir jedoch die Herausforderungen angehen und eine sicherere und stabile maritime Umgebung schaffen.

Über den Autor

 Lutz Spilker wurde im Jahre 1955 in Duisburg geboren.

Bevor er zum Schreiben von Romanen und Dokumentationen fand, verließen bisher unzählige Kurzgeschichten, Kolumnen und Versdichtungen seine Feder.

In seinen Büchern befasst er sich vorrangig mit dem menschlichen Bewusstsein und der damit verbundenen Wahrnehmung. Seine Grenzen sind nicht die, welche mit der Endlichkeit des Denkens, des Handelns und des Lebens begrenzt werden, sondern jene, die der empirischen Denkform noch nicht unterliegen.

Es sind die Möglichkeiten des Machbaren, die Dinge, welche sich allein in der Vorstellung eines jeden Menschen darstellen und aufgrund der Flüchtigkeit des Geistes unbewiesen bleiben. Die Erkenntnis besitzt ihre Gültigkeit lediglich bis zur Erlangung einer neuen und die passiert zu jeder weiteren Sekunde.

Die Welt von Lutz Spilker beginnt dort, wo zu Beginn allen Seins nichts Fassbares war, als leerer Raum. Kein Vorne, kein Hinten, kein Oben und kein Unten. Kein Glaube, kein Wissen, keine Moral, keine Gesetze und keine Grenzen. Nichts.

In Lutz Spilkers Romanen passieren heimtückische Morde ebenso wie die Zauber eines Märchens. Seine Bücher sind oftmals Thriller, Krimi, Abenteuer, Science Fiction, Fantasy und selbst Love-Story in einem.

»Ich liebe die Sprache: Sie vermag zu streicheln, zu liebkosen und zu Tränen zu rühren. Doch sie kann ebenso stachelig sein, wie der Dorn einer Rose und mit nur einem Hieb zerschmettern.«

In dieser Reihe sind bisher erschienen

Die Erfindung der Langeweile
Die Erfindung des Menschen
Die Erfindung des Geldes
Die Erfindung des Teufels
Die Erfindung des Erfolgs
Die Erfindung der Sterblichkeit
Die Erfindung der Lüge
Die Erfindung der Freiheit
Die Erfindung des Todes
Die Erfindung der Welt
Die Erfindung des Inselmenschen
Die Erfindung der Zeit
Die Erfindung der Seele
Die Erfindung der Politik
Die Erfindung des Gewissens
Die Erfindung der Religion
Die Erfindung der Schuld
Die Erfindung der Gerechtigkeit
Die Erfindung des Friedens
Die Erfindung des Selbstgesprächs
Die Erfindung der Zukunft
Die Erfindung der Pornographie
Die Erfindung der Verschwendung
Die Erfindung des Erwachsenseins
Die Erfindung der Hölle
Die Erfindung der Überbevölkerung
Die Erfindung des Himmels
Die Erfindung der Monarchie
Die Erfindung der Unterhaltung
Die Erfindung der Sprache

Die Erfindung der Musik
Die Erfindung der Wiedergeburt
Die Erfindung des Zufalls
Die Erfindung der Namen
Die Erfindung des Bewusstseins
Die Erfindung des freien Willens
Die Erfindung des Wahrsagens
Die Erfindung der Körpersprache
Die Erfindung des Schlafs
Die Erfindung der Sklaverei
Die Erfindung der Angst
Die Erfindung der Vernunft
Die Erfindung des Vollmonds
Die Erfindung des Vitamin B
Die Erfindung des Make-Up
Die Erfindung des Weihnachtsfestes
Die Erfindung des Ku-Klux-Klan
Die Erfindung des Träumens
Die Erfindung der Flaschenpost
Die Erfindung der Mafia
Die Erfindung der Freimaurer
Die Erfindung der Freibeuter
Die Erfindung der Raumfahrt
Die Erfindung der Tempelritter
Die Erfindung des ADHS-Syndroms
Die Erfindung der Homöopathie
Die Erfindung der Freizeitparks